CE QUE LES HOMMES PENSENT DES FEMMES

Collection dirigée par Jean-Loup Chiflet

département de Hugo et Compagnie,
38, rue La Condamine, 75017 Paris.

www.hugoetcie.fr

ISBN : 9782351640678
Dépôt légal : janvier 2009

CE QUE LES FEMMES PENSENT DES HOMMES

Collection dirigée par Jean-Loup Chiflet

département de Hugo et Compagnie,
38, rue La Condamine, 75017 Paris.

www.hugoetcie.fr

ISBN : 9782351640678
Dépôt légal : janvier 2009

Angela Camber
présente

CE QUE LES FEMMES PENSENT DES HOMMES

Chiflet&Cie

Je ne sais rien en matière de sexe, parce que j'ai toujours été mariée.

Zsa-Zsa Gabor

J'aime deux sortes d'hommes, ceux de mon pays et les étrangers.

Mae West

Je n'ai jamais détesté un homme après une rupture au point de lui rendre ses diamants.

Zsa-Zsa Gabor

Le plus dur ce n'est pas d'avoir un homme dans son lit mais le même visage tous les jours en face de soi à table.

Charlotte Savary

À la façon dont il nous a traitées, on voit bien que Dieu est un homme.

Madame de Tencin

La bigamie, c'est avoir un mari en trop. La monogamie, c'est pareil.

Erica Jong

La seule chose que nous avons en commun, mon mari et moi, c'est que nous nous sommes mariés le même jour.

Phyllis Diller

Chaque fois que je sors avec un mec, je me pose la question : **est-ce que je veux que ce soit l'homme avec lequel mes enfants passeront un week-end sur deux ?**

Rita Rudner

Les hommes ont toujours eu beaucoup de courage pour supporter les malheurs des femmes.

Françoise Giroud

Il est presque impossible de rendre heureux son propre mari ; c'est infiniment plus facile avec le mari d'une autre.

Zsa-Zsa Gabor

Généralement, lors de ses secondes noces, la mariée ne porte pas de voile car elle tient à voir qui elle épouse.

Helen Rowland

Couchez avec un vieux, quelle horreur...
mais avec un jeune, quel travail !

Alice Sapritch

L'homme : un chauffage d'appoint qui ronfle.

Rita Rudner

Si on peut envoyer un homme sur la lune,
pourquoi ne pas tous les y envoyer ?

Rona Jaffe

Aucun homme n'a jamais eu un rhume ordinaire.

Odile Dormeuil

Une femme est une
spécialiste de l'amour.
Un homme, un simple
généraliste.

Helen Rowland

J'ai mis du temps à comprendre qu'on nous avait cambriolés. Je croyais que c'était mon mari qui cherchait des chaussettes propres.

Patricia Carlson

Un homme fort ? Vous parlez musculature.

Françoise Sagan

Le nouvel homme a résolu, à sa façon, le partage des tâches : occupe-toi de tout, je ferai le reste.

Michèle Fitoussi

Il n'y a qu'un décolleté pour pousser un homme à chercher de la profondeur chez une femme.

Zsa-Zsa Gabor

Les hommes c'est comme l'essence. Des pieds à la ceinture c'est du super, de la ceinture aux épaules c'est de l'ordinaire, et des épaules à la tête c'est du sans plomb.

Anonyme

Divorcer parce qu'on n'est plus amoureuse est aussi stupide que de se marier parce qu'on l'est.

Zsa-Zsa Gabor

Je n'attendais pas grand-chose de lui. J'ai été comblée.

Laurence Tofu

Vous voulez savoir combien j'ai eu de maris ? En comptant le mien ?

Zsa-Zsa Gabor

Mon mari dit qu'il voulait passer ses vacances dans un endroit où il n'était jamais allé. J'ai répondu : pourquoi pas la cuisine ?

Nan Tucket

Un mari c'est un gars qui vous soutient dans tous les problèmes que vous n'auriez pas eu si vous ne l'aviez pas épousé.

Caroline Ammerlaan

Le seul moment où une femme réussit à changer un homme, c'est quand c'est un bébé.

Nathalie Wood

Les hommes sont des créatures dotées de deux jambes et de huit mains.

Jane Mansfield

La psychanalyse ne peut rien pour les hommes, pour remonter dans leur enfance, encore faudrait-il qu'ils en soient sortis.

Barbara

Pour séduire les hommes je porte un nouveau parfum : « Intérieur de voiture neuve ».

Rita Rudner

Aujourd'hui quand un homme tient la porte à une femme, il y a de fortes chances pour que ce soit le portier.

Mae West

Si par nature, l'homme est une bête de sexe, j'ai toujours eu des animaux de compagnie.

Mae West

Avant le mariage, une femme doit faire l'amour à un homme pour le retenir. Après le mariage, elle doit le retenir pour lui faire l'amour.

Marylin Monroe

Un homme amoureux est comme un coupon de réduction, il faut le faire passer à la caisse sans plus attendre.

Mae West

Un homme à la maison en vaut deux dans la rue.

Mae West

Un célibataire est un homme qui a raté sa chance de rendre une femme malheureuse.

Jasmin Birtles

L'homme est une chose qui un jour est sorti de la femme et qui passe toute sa vie à tenter d'y retourner.

Anonyme

Dieu a créé les femmes belles et stupides. Belles, pour que les hommes puissent les aimer, et stupides pour qu'elles puissent aimer les hommes.

Vickthôr

Un homme c'est comme une cassette vidéo : avance, recule, avance, recule, stop, eject.

Anonyme

Pourquoi les femmes choisissent-elles toujours des mecs grossiers et immatures qui passent leur temps à boire des bières en regardant des matchs de foot ? Elles ne choisissent pas, il n'y en a pas d'autres.

Anonyme

Les femmes préfèrent être belles plutôt qu'intelligentes parce que, chez les hommes, il y a beaucoup plus d'idiots que d'aveugles !

Yvonne Printemps

Les hommes sont faux, ambitieux, vaniteux, égoïstes, et le meilleur ne vaut pas le diable, c'est bien triste.

George Sand

Quelle est la différence entre un homme et une tondeuse à gazon ? Ils démarrent difficilement, émettent des mauvaises odeurs et sont en panne la moitié du temps.

Anonyme

Je suis une excellente gardienne de maison. Chaque fois que je divorce, c'est moi qui garde la maison.

Zsa-Zsa Gabor

Un homme n'est pas complet tant qu'il n'est pas marié. Après, il est fini.

Zsa-Zsa Gabor

80% des hommes mariés trompent leur femme aux États-Unis. Les autres les trompent en Europe.

Jackie Mason

Un homme qui a réussi est un homme qui gagne plus d'argent que sa femme n'en dépense. Et une femme qui a réussi est une femme qui a trouvé un tel homme.

Lana Turner

Je pense que les hommes qui ont une oreille percée sont mieux préparés pour le mariage : ils connaissent déjà la douleur et ont déjà acheté des bijoux.

Rita Rudner

Le plaisir de faire l'amour s'augmente de l'indifférence éprouvée à l'égard du partenaire.

Claire Lardinois.

La moitié des hommes sont des salauds, et l'autre moitié est horriblement ennuyeuse.

Joan Collins

Quel est le rêve qui vaut mieux que la réalité ? Rêver qu'on est marié.

Diane de Beausacq

Ce que nous prenons pour de la cruauté chez l'homme est presque toujours que de la lâcheté.

Marcelle Auclair

Marié : n'être ni seul ni ensemble.

Natalie Clifford Barney

Avant, tout était simple. Lui, Tarzan, il chassait. Elle, Jane, elle cueillait. Lui, Tarzan, il savait. Elle, Jane, elle admirait et fermait sa gueule, même si elle savait aussi.

Michèle Fitoussi

Les chiens ne m'ont jamais mordue. Seulement les hommes…

Marilyn Monroe

Quand les femmes sont déprimées, soit elles se mettent à manger, soit elles vont faire du shopping. Les hommes, eux, vont envahir un pays.

Elayne Boosler

Mon mari m'a tellement trompé que je ne suis pas sûre d'être la mère de mes enfants.

Anonyme

Le masculin de « elle va à la cuisine et fait la vaisselle » est « il s'assoit dans le fauteuil et regarde la télé ».

Anonyme

Les jolies filles ne sont pas toujours heureuses et les garçons intelligents sont rarement beaux.

Proverbe chinois

Si un homme offre des fleurs à sa femme sans raison, c'est qu'il a une raison.

Marguerite Duras

Depuis que je commence à fréquenter les garçons, j'applique un des préceptes de ma mère : « Ne touche pas ! Tu ne sais pas où ça a traîné avant. ».

Cindy Garner

Un mari est ce qui reste d'un amant après avoir été dénervé.

Helen Rowland

Si vous m'entendez un jour parler projets de mariage, giflez-moi !

Elisabeth Taylor

Un homme vient vers moi avec un calepin
et me dit : « Je peux avoir votre numéro ? »
Je réponds : « Bien sûr, il est dans l'annuaire. »
Il dit : « Bien, et quel est votre nom ? »
Je réponds : « Il est aussi dans l'annuaire. »

Nan Tucket

Les hommes ont deux cerveaux :
un petit et un gland !

Anonyme

Ne jamais faire confiance à un mari quand il est loin et à un célibataire quand il est près.

Helen Rowland

Un homme qui saute sur tout ce qui bouge, c'est un Don Juan; une femme qui saute sur tout ce qui bouge, c'est une nymphomane.

Anne Roumanoff

On voit beaucoup de gars intelligents avec des filles idiotes, mais on voit rarement une fille intelligente avec un idiot.

Erica Jong

Vous savez pourquoi Dieu n'a pas donné le sens de l'humour aux femmes ? Pour qu'elles puissent aimer les hommes au lieu d'en rire.

Mrs Patrick Campbell

Il faut vingt ans à une femme pour faire de son fils un homme. Il faut vingt minutes à une autre femme pour en faire un imbécile.

Helen Rowland

Reprocher à un homme de ne suivre que sa queue pendant toute sa vie, c'est comme reprocher à l'aiguille d'une boussole de pointer vers le nord

Anonyme

Vous avez un revolver dans votre poche, ou vous êtes simplement très content de me voir ?

Mae West

Je ne suis pas très exigeante, je cherche simplement un homme gentil et compréhensif. **Est-ce vraiment trop demander à un milliardaire ?**

Zsa-Zsa Gabor

L'âge mûr de l'homme s'apparente à celui des poires. Dans les deux cas, c'est la queue qui lâche.

Anonyme

Le motif de mon action en divorce ?
Je suis mariée, cela devrait suffire.

Zsa-Zsa Gabor

Quoiqu'elle fasse, la femme doit le faire deux fois mieux que l'homme afin qu'on en pense autant de bien. Heureusement, ce n'est pas difficile !

Charlotte Whitton

L'homme est le passé de la femme.

Slogan MLF

Si une femme a le malheur de tout savoir,
elle a tout intérêt à le cacher.

Jane Austen

L'esprit d'une femme est reconnu dès qu'il sert
la gloire de l'homme ou son plaisir.

Françoise Parturier

Je ne demande que trois choses à un homme :
être beau, brutal et stupide.

Dorothy Parker

Il faut essayer beaucoup de grenouilles, avant de trouver un prince charmant.

Anonyme

Si les hommes ont la nostalgie des talons aiguilles, ils n'ont qu'à les porter eux-mêmes.

Anonyme

J'ai épousé quelques hommes que je n'aurais pas dû épouser, mais n'est-ce pas le cas de tout le monde ?

Mamie van Dongen

Dès qu'un homme me faisait la cour, il voulait me mettre un diamant au doigt, et dès qu'il l'avait mis il voulait me mettre un tablier autour de la taille.

Mae West

L'homme a été pour moi un animal exotique, avec tout l'attrait que cela suppose, mais dont l'état naturel est l'absence quand on en a besoin.

Françoise Giroud

Beaucoup du charme des hommes est fait de l'ennui des femmes.

Françoise Dorin

Jusqu'il y a une heure, j'étais une veuve éplorée. Que vais-je bien faire de tous ces kleenex ?

Anonyme

Je suis une femme moderne, intelligente, indépendante. En d'autres termes, une femme qui ne trouve pas d'homme.

Shelley Winters

N'essayez pas d'apprendre quelque chose à un homme en public. Les hommes ne peuvent apprendre qu'en privé. En public, ils sont censés tout savoir.

Rita Rudner

Quand une jolie femme se marie, elle échange les attentions de beaucoup contre l'inattention d'un seul.

Helen Rowland.

Les hommes, c'est comme les melons : sur dix, il y en a un de bon.

Proverbe français

C'est affreux, je l'ai épousé par amour, et je m'aperçois qu'il n'a pas le sou.

Anonyme

Lorsque Dieu créa l'homme, il blaguait.

Anonyme

Quand les jeunes filles auront passé par le mariage, elles verront qu'il n'y pas de quoi rire.

Madame de Maintenon

Si vous recherchez de l'attention de la part d'un homme, ne sortez pas le soir où il y a un match de foot à la télé.

Rita Rudner

De tous les hommes que je n'aime pas,
c'est certainement mon mari que je préfère.

Madame de Staël

Les hommes ne sont pas des sentimentaux. Aucun homme n'ira voir deux fois de suite *Love Story* de son plein gré.

Rita Rudner

Le mariage c'est comme un mirage dans le désert : palais, cocotiers, chameaux... mais soudain tout disparaît et il ne reste que le chameau.

Anonyme

Les belles femmes doivent coucher pour réussir et les hommes laids réussir pour coucher.

Ange Anger

Pourquoi un homme ne peut parler de la sensualité féminine sans dire d'énormes bêtises.

Colette

Attention aux hommes chauves et riches; l'arrogance du « riche » annule souvent le charme de la calvitie.

Rita Rudner

Toute œuvre a eu d'abord un raté, Dieu a d'abord créé l'homme, puis la femme.

Anonyme

La femme est capable de tous les exercices de l'homme, sauf de faire pipi debout contre un mur.

Colette

On reproche aux femmes de rechercher les hommes pour leur argent. Je ne vois pas quelle autre raison pourrait les motiver ?

Ange Anger

L'amour ça finit toujours pareil. À deux, sans rien se dire devant la télé. Moi, j'ai choisi d'être seule devant ma télé, comme ça c'est moi qui choisis la chaîne...

Anne Roumanoff

Elle est trop intelligente. Elle ne pourra jamais régresser suffisamment pour devenir une bonne épouse.

Marylin French

Se marier à un homme divorcé montre que vous êtes « écologiquement » responsable. Dans un monde où il y a plus de femmes que d'hommes, il faut participer au recyclage.

Rita Rudner

Les hommes aiment les gros seins et les gros compliments.

Françoise Chandernagor

Que doit faire une femme quand son mari court en zigzag dans le jardin ? Continuer à tirer.

Anonyme

Une femme enrobée, on va dire : elle se laisse aller. Un homme qui a du ventre : c'est un bon vivant.

Anne Roumanoff

C'est une faute pour une femme de ne pas être là quand son mari a besoin d'elle, mais c'est pire d'être là quand il n'en a pas besoin.

Helen Rowland

TRAITRES

La femme est imbécile par nature.

George Sand

Je me console d'être une femme en songeant que, de la sorte, je n'en épouserai jamais une.

Lady Montagu

C'est cela une honnête femme : une dinde qui marche, fascinée par l'idée qu'elle se fait de son honneur.

Anne Hébert

Adultère : distraction des femmes mariées.

Françoise Parturier

Les femmes, c'est de la sale viande. Parfois on dit d'une femme particulièrement laide qu'elle est un boudin : **la vérité c'est que toutes les femmes sont des boudins**.

Amélie Nothomb

Quand vous voyez ce qu'épousent certaines femmes, je vous laisse deviner leur horreur du travail.

Helen Rowland

Le silence est la seule chose en or que les femmes n'aiment pas !

Mary Wilson Little

L'attirance du vide explique la séduction des femmes.

Natalie Clifford Barney

On a besoin des hommes. Ils sont l'eau que nous buvons tous les matins. Si elle n'a pas de compagnon dans sa vie, une femme n'existe pas.

Nadine de Rothschild

Dans le commerce habituel, apprenez à la jeune fille à être facile à vivre, bonne, prévenante, à commencer enfin ce rôle de femme qui doit être si complet dans l'abnégation.

A. Malinos-Lafitte.

Groupez des hommes, ils s'écouteront ; groupez des femmes, elles s'épieront.

Madame de Maintenon

Qu'est ce qu'une femme amoureuse ? Un sexe ? Fi donc ! C'est un assemblage confus de rancœurs, de revanches à prendre, de faiblesse, de narcissisme et de rêveries utopiques dont il faut savoir profiter au moment dévolu. Et avec brio, s'il vous plaît !

Huguette Maure

La femme est un vampire, gouge, mangeuse, buveuse, son sexe se nourrit gloutonnement du sexe mâle.

Simone de Beauvoir

Les femmes libres ne sont pas des femmes.

Colette

Que de femmes ont de la cervelle plein la poitrine.

Mme de Pompadour

Le rut féminin, c'est la molle palpitation d'un coquillage ; elle guette, comme la plante carnivore, le marécage où insectes et enfants s'enlisent ; elle est succion, ventouse humeuse, elle est poix et glu.

Simone de Beauvoir

Quand un monsieur vous a tout donné, la moindre des choses c'est de lui rendre la monnaie de sa pièce. Être à son écoute (même lorsqu'il raconte en public la même histoire pour la trentième fois), être à sa dévotion, belle à voir, douce à entendre, utile à sa carrière, soumise à toutes ses obligations et surtout, discrète. La légèreté chez la femme est une qualité essentielle : ne pesez jamais sur un homme.

Nadine de Rothschild

Je n'ai pas beaucoup d'amies, je n'ai pas rencontré de femmes assez intelligentes pour ça.

Madonna

À force de répéter aux hommes qu'on peut se passer d'eux, qu'on les emmerde, ils se sont dit : « On va devenir pédés ! » et d'ailleurs ils sont presque tous pédés, les femmes les ont trop emmerdés.

Brigitte Bardot

Avoir une bonne épouse, c'est bien. Mais avoir la meilleure des épouses, c'est nettement moins bien que pas d'épouse du tout.

Thomas Hardy

Le célibataire c'est celui qui a réussi à ne pas trouver une femme.

André Prévot

Un célibataire est quelqu'un qui n'a personne pour le consoler des mille ennuis qu'il aurait s'il était marié.

Jean Delacour

On ne choisit pas sa femme. Elle vous tombe dessus ; quelques uns ajoutent : comme une tuile.

Claude Anet

Le mariage c'est une femme de plus et un homme de moins.

Francis de Croisset

Le mariage est le prix que les hommes paient pour le sexe ; le sexe est le prix que les femmes paient pour le mariage.

Anonyme

L'homme marié est privilégié par rapport au célibataire. La preuve : il peut rentrer chez lui quand il a fait l'amour.

San Antonio

Le meilleur moment de la vie d'un homme pour prendre femme? S'il est jeune, pas encore. S'il est vieux, plus jamais.

Diogène le cynique

Jean-Loup Chiflet

présente

CE QUE LES HOMMES PENSENT DES FEMMES

Chiflet&Cie

J'ai souvent envie de demander aux femmes par quoi elles remplacent l'intelligence.

Alain

J'attends un heureux événement :
ma femme est mourante.

Harvey Smith

Il y a trois sortes de femmes : les emmerdantes, les emmerdeuses et les emmerderesses.

Paul Valéry

J'ai toujours été étonné qu'on laissât les femmes entrer dans les églises. Quelle conversation peuvent-elles tenir avec Dieu ?

Charles Baudelaire

La femme a besoin d'une bonne raison pour faire l'amour… L'homme a juste besoin d'un endroit .

Billy Crystal

Celui qui ne comprend pas qu'on puisse étrangler une femme ne connaît pas les femmes.

Paul Léautaud

Ne courez jamais après une femme ni après un tram, il en viendra d'autres.

Proverbe italien

Les femmes… Ah ! Les femmes ! Elles sont comme l'argent, on aimerait pouvoir les jeter par la fenêtre.

Boni de Castellane

Le sac à main des femmes est une vraie boîte à outils, comme en trimballent les plombiers. Et toute la journée, dès qu'elles ont un moment, elles réparent.

Jean Cau

Qu'y a-t-il de pire qu'une femme ? Deux femmes.

Jean Cocteau

Il y a deux sortes de femmes : celles qui commandent et celles qui n'obéissent pas.

Georges Courteline

Être une femme dispense au moins d'en avoir une.

Roland Dubillard

Si la femme était bonne, Dieu en aurait une.

Sacha Guitry

Vous ne connaissez rien d'une femme avant de l'avoir rencontrée devant un tribunal.

Norman Mailer

Être marié ! Ça doit être terrible. Je me suis toujours demandé ce qu'on pouvait bien faire avec une femme en dehors de l'amour.

Sacha Guitry

Ne rentrez jamais chez vous à l'improviste : si votre femme n'est pas seule, vous l'ennuierez ; si elle est seule, vous vous ennuierez.

Paul Léautaud

Il y a deux sortes de femmes : celles qui vous tondent et celles qui vous rasent.

Dominique André

Il y a trois sortes de créatures qui, lorsqu'elles semblent venir, s'en vont. Et quand elles semblent partir, s'en viennent : les diplomates, les femmes et les crabes.

Ian Hay

Il est impossible de savoir ce qu'elles pensent
et de prévoir ce qu'elles dépensent.

Albert Willemetz

Si les hommes savaient comment les femmes
passent leur temps quand elles sont seules,
ils ne se marieraient jamais.

William O'Henry

Les femmes sont si fatales au genre humain que celles mêmes qui sont honnêtes font le malheur de leur mari.

Hésiode

Les célibataires devraient payer de lourds impôts. Il n'est pas juste que certains hommes soient plus heureux que d'autres.

Oscar Wilde

La femme est ce qu'on a trouvé de mieux pour remplacer l'homme quand on a la déveine de ne pas être pédéraste.

Boris Vian

Les femmes se déguisent en deux catégories : les laides et les maquillées, les mères étant à part.

Oscar Wilde

Je ne crois pas beaucoup
à la loi de la pesanteur,
il est en effet plus facile
de lever une femme que
de la laisser tomber.

Georges Courteline

Ma femme et moi avons été heureux vingt-cinq ans ; et puis nous nous sommes rencontrés.

Sacha Guitry

Un ministère des femmes ? Pourquoi pas un ministère du tricot ?

Charles de Gaulle

Je hais les femmes parce qu'elles savent toujours où sont les choses.

James Thurber

Il y a un moyen de transférer des fonds plus rapide que les transactions bancaires électroniques : cela s'appelle le mariage.

James Holt McGavran

Je n'ai jamais eu de chance avec les femmes.
Il est toujours arrivé un moment où leur bêtise a dépassé mon amour.

Paul Léautaud

Les femmes sont tellement menteuses, qu'on ne peut même pas croire le contraire de ce qu'elles disent.

Georges Courteline

Il faut toujours se marier avec une belle femme : vous trouverez toujours quelqu'un pour vous en débarrasser.

Sacha Guitry

La seule façon de se comporter avec une femme est de lui faire l'amour si elle est jolie, et avec une autre si elle ne l'est pas.

Oscar Wilde

Celui qui cherche une femme belle, bonne et intelligente, n'en cherche pas une mais trois.

Oscar Wilde

La femme est, selon la Bible, la dernière chose que Dieu a faite. Il a dû le faire le samedi soir ; on sent la fatigue.

Alexandre Dumas fils

Beaucoup moins de femmes se coucheraient si elles pouvaient obtenir verticalement les compliments qu'elles obtiennent allongées.

André Malraux

Une fille qui fait 95 de tour de poitrine et 32 de tour de tête ne peut pas vraiment être mauvaise. Elle peut seulement être légèrement sotte.

Michel Audiard

De temps en temps, une femme est un substitut convenable à la masturbation. Mais bien sûr, il faut beaucoup d'imagination.

Karl Kraus

Les curés se consolent de n'être pas mariés quand ils entendent les femmes se confesser.

Armand Salacrou

J'ai avoué à ma femme que je voyais un psychiatre, elle m'a dit que de son côté elle voyait deux plombiers.

Anonyme

Je me suis marié deux fois : deux catastrophes.
Ma première femme est partie.
Ma deuxième est restée.

Francis Blanche

Les femmes ne sont que des organes génitaux articulés et doués de la faculté de dépenser tout l'argent qu'on possède.

William Faulkner

Une fois cuite, l'écrevisse se fout éperdument de savoir qui lui suce la queue.

José Artur

Toutes les femmes écrivent. On ne trouve même plus de femme de ménage.

Paul Léautaud

De la bourse ou de la vie le voleur vous laisse le choix. La femme exige les deux.

Jean Cocteau

La femme est un animal à cheveux longs
et à idées courtes.

Arthur Schopenhauer

Comment diable la femme a-t-elle pu rester 200 000 ans dans l'ignorance de sa supériorité et de son intelligence ?

Romain Guillaume

Je suis pour le partage des tâches ménagères. À la maison, par exemple, c'est moi qui passe l'aspirateur… à ma femme.

Philippe Geluck

Je préfère les femmes qui me donnent de l'argent sans faire l'amour avec moi, aux femmes qui font l'amour avec moi sans me donner un sou.

Isidore Isou

Dépourvue d'âme, la femme est dans l'incapacité de s'élever vers Dieu. En revanche, elle est en général pourvue d'un escabeau qui lui permet de s'élever vers le plafond pour faire les carreaux. C'est tout ce qu'on lui demande.

Pierre Desproges

N'oubliez pas qu'il est aussi facile d'épouser une femme riche qu'une femme pauvre.

William Thackeray

La femme se procure des fourrures aux dépens de divers animaux. La loutre, par exemple, le castor et le lapin (qui prend des pseudonymes). Mais principalement, l'homme.

Hervé Lauwick

Si tous les hommes étaient gynécologues, il y aurait beaucoup moins de crimes passionnels.

Philippe Geluck

Le travail des femmes, dont personne ne conteste la légitimité ni la légalité, n'en est pas moins facteur de chômage et de dénatalité. Plutôt que d'envoyer les femmes au travail, mieux vaut les envoyer au lit.

Jacques Henriet

Les femmes sont généralement stupides. Quand on dit d'une femme qu'elle est très intelligente, c'est parce que son intelligence correspond à celle d'un homme médiocre.

Henri Jeanson

Je regrette l'époque où on n'était pas obligé
de baiser une femme qu'on invitait à dîner.

Georges Wolinski

Si les femmes avaient la majorité dans les conseils municipaux, les créneaux seraient interdits.

Allan Pease

Il y a un seul cas où il est convenable d'aborder une femme laide. C'est pour lui demander si elle ne connaît pas l'adresse d'une jolie femme.

Pierre Desproges

Il est plus facile de mourir pour la femme qu'on aime que de vivre avec elle.

André Maurois

Chez bien des femmes, les pensées s'élèvent quand les seins tombent.

Pierre Belfond

Quand un homme dit des obscénités à une femme, c'est du harcèlement sexuel. Quand c'est une femme qui dit des obscénités à un homme, c'est 3,95 euros la minute.

Steven Wright

Les filles, c'est comme les limaces. Elles doivent bien servir à quelque chose, mais à quoi ?

Bill Watterson

Il faut améliorer la condition féminine, les cuisines sont trop petites, les lavabos trop bas et la queue des casseroles est mal isolée.

Georges Wolinski

Dieu a créé l'alcool pour que les femmes moches baisent quand même.

Coluche

Le baisemain, c'est un bon début. Ça permet de renifler la viande.

Olivier de Kersauson

Les charmes d'un corps de femme qui enflamment les sens sont comme les odeurs de cuisine, excitants quand on a faim, répugnants quand on est rassasié.

Maurice Aguéev

Le ventre des femmes recèle toujours un enfant ou une maladie.

Louis-Ferdinand Céline

Une femme infidèle est comme une grande boucherie de viande froide, dont on ne veut pas, parce que quelqu'un y a déjà touché.

Anton Tchekhov

La femme rend lâche. C'est elle qui conseille au gréviste de rentrer à l'usine, à l'artiste de faire du commerce, au soldat de plier le dos. Parce qu'elle ne pense qu'à la pâtée et qu'elle a un pot-au-feu dans le cœur.

Roland Dorgelès

Les femmes ont toujours aimé le navire mieux que le pilote.

Jean Giraudoux

Se marier c'est le destin, se pendre aussi.

John Heywood

J'épouserais plus volontiers une petite femme qu'une grande, par cette raison que de deux maux, il faut choisir le moindre.

Louis-Auguste Commerson

Si le plus grand plaisir des hommes est de se payer le corps des femmes, le plus grand plaisir des femmes est de se payer la tête des hommes.

Sacha Guitry

Une fois qu'une femme vous a donné son cœur, on ne peut plus se débarrasser du reste.

John Vanbrugh

Je veux bien être embêté toute ma vie par les femmes, mais pas par la même.

Alfred Capus

Elle donne même une idée du néant quand elle prend l'air intelligent.

Pierre billon

Toute femme a sa fortune entre ses jambes.

Honoré de Balzac

Ce que les femmes apprécient le plus chez les hommes, ce sont les caractères sexuels secondaires. À savoir : la voiture, la villa, le compte en banque, etc.

Anonyme

Quelle est la différence fondamentale entre une femme et un terroriste ?
Avec le terroriste on peut négocier.

Anonyme

Pourquoi les femmes ont-elles des lèvres en haut et en bas ? Les unes pour dire des conneries, les autres pour se faire pardonner.

Anonyme

Les femmes, c'est comme les champignons.
Plus c'est beau, plus c'est vénéneux.

Anonyme

Les hommes et les femmes sont au moins d'accord sur un point : ils n'ont aucune confiance dans les femmes.

Henri-Louis Mencken

Les femmes légères sont celles qui pèsent le plus lourdement sur le budget d'un homme.

Marcel Achard

J'ai souvent pensé à me marier. Et puis j'ai réfléchi.

Noël Coward

Lorsque ma femme me fait un cadeau, j'ai deux surprises : d'abord le cadeau, ensuite de le payer.

Maurice Donnay

J'ai lu récemment que tout dans l'amour était une affaire de chimie. Ça doit être pour ça que ma femme me traite comme un déchet toxique.

David Bissonette

Après le mariage, mari et femme sont comme les deux faces d'une pièce de monnaie : ils ne peuvent pas se voir mais ils restent ensemble.

Hemant Joshi

Je me demande pourquoi les femmes ont besoin de tant d'argent. En général, elles ne boivent pas, ne jouent pas et… n'ont pas de femmes.

Jean Rigaud

Des hommes ont l'air de ne s'être mariés que pour empêcher leurs femmes de se marier avec d'autres.

Jules Renard

J'avais un ami qui hésitait entre les diverses formes de suicide. Finalement, c'est le mariage qu'il a choisi.

George Bernard Shaw

Je suis allé à Lourdes avec ma femme. Il n'y a pas eu de miracle. Je suis revenu avec.

Seymour Brussels

Tous les matins, j'apporte à ma femme le café au lit. Elle n'a plus qu'à le moudre.

Pierre Desproges

Pénélope est la dernière épreuve qu'Ulysse eut à subir à la fin de son voyage.

Jean Cocteau

Le seul moment où la femme se rapproche de Dieu, c'est quand elle nettoie ses fenêtres, elle monte sur un tabouret.

Pierre Desproges

La seule fois où Rifkin et sa femme avaient connu un orgasme simultané, c'est au moment où le juge leur avait remis l'acte de divorce.

Woody Allen

Une femme entre dans votre vie, c'est merveilleux ; elle en sort, c'est providentiel.

Paul Morand

Pendant le siège, toutes les femmes ont mangé du chien. On pensait que cette nourriture leur inculquerait des principes de fidélité. Pas du tout. Elles ont exigé des colliers.

Aurélien Scholl

Les femmes ne suivent pas les mauvais conseils, elles les précèdent.

Abel Hermant

Un terrible malheur vient de frapper mon meilleur ami : il est parti avec ma femme.

Aurélien Scholl

La femme est l'addition des ennuis, la soustraction du porte-monnaie, la multiplication des ennemis et la division des hommes.

George Bernard Shaw

L'amour est cet intervalle délicieux entre le moment où vous rencontrez une jolie fille et celui où vous vous découvrez qu'elle ressemble à un hareng !

John Barrymore

Oh ! faire son voyage de noces tout seul.

Jules Renard

Qu'est-ce qu'un homme sentimental ? Quelqu'un qui adore ne pas manger seul.

Pascal Quignard

Dieu a fait l'homme avant la femme pour lui permettre de placer quelques mots.

Jules Renard

Il existe trois catégories de femmes : les putes, les salopes et les emmerdeuses. Les putes couchent avec tout le monde, les salopes avec tout le monde sauf toi, les emmerdeuses ne couchent qu'avec toi.

Frédéric Dard

Ma femme ne me manque jamais, elle vise trop bien.

Anonyme

Enfin seul, sans « s ».

Jules Renard

Quand une femme vous dit : « Je ferai ton bonheur », c'est toujours au sien qu'elle pense.

Alfred Capus

Les hommes qui ne comprennent pas les femmes se divisent en deux groupes : les célibataires et les maris.

Anonyme

C'est incroyable ces gens qui vous demandent toujours si vous avez l'intention de vous remarier ! C'est comme si on vous demandait après un accident de voiture si vous en souhaitez un autre.

Stéphane Beecham

Il y a encore des femmes du monde qui font l'amour pour rien.

Alfred Capus

Vous savez ce que j'ai fait avant de me marier ? Tout ce que je voulais.

Henny Youngman

On dit que chacun d'entre nous a une femme dans le monde qui lui serait destinée. Si nous avons la chance de ne pas la trouver, nous sommes sauvés.

Anonyme

Le mariage c'est quand une femme demande à un homme d'enlever son pyjama pour le mettre dans le panier de linge sale.

Albert Finney

J'attends le bon moment pour offrir des fleurs à ma femme, son enterrement par exemple.

Ben Hill

Le terrorisme ? J'en ai rien à foutre : j'ai été marié pendant deux ans.

Sam Kinison

Les célibataires connaissent mieux les femmes que les hommes mariés, sinon ils seraient mariés.

Henry-Louis Mencken

Beaucoup de femmes élégantes s'habillent à crédit et se déshabillent au comptant.

Pierre Doris

L'amour c'était agréable pour l'homme tant que les femmes ne savaient pas que c'était agréable.

Georges Wolinski

On ose me demander à moi qui possède un chien, un chat, une tortue, deux enfants, une femme et plusieurs belles-mères, si j'aime les animaux ?

Yvan Audouard

On compare souvent le mariage à une loterie… c'est une erreur, car à la loterie, on peut parfois gagner.

Georges Bernard Shaw

Je dois avouer que lors de mon divorce, les torts étaient partagés :
50% des torts à ma femme et 50% à sa mère.

François Olléry

Les hommes ont une vie plus agréable que les femmes. Premièrement, ils se marient plus tard et, deuxièmement, ils meurent plus tôt.

Henry-Louis Mencken

Le mariage est la seule guerre au cours de laquelle on dort avec son ennemi.

Anonyme

Il n'est pas vrai que les hommes mariés vivent plus longtemps, ça semble seulement plus long.

Anonyme

Bien souvent ce sont les femmes à qui l'on donnerait le bon Dieu sans confession qui ont le diable au corps.

Napoléon

Si la femme accomplit de grandes choses, on l'admire plus que l'homme, parce qu'on ne s'y attendait pas de sa part.

Sören Kierkegaard

Le mari qui veut un mariage heureux doit apprendre à garder sa bouche fermée, et son carnet de chèque ouvert.

Groucho Marx

Toutes les héritières sont belles.

John Dryden

Le mariage simplifie la vie et complique la journée.

Jean Rostand

La plus noble conquête après celle du cheval, c'est la femme.

Alfred Jarry

Que peut-il manquer à ma femme ?
Elle a tout ce qu'il me faut.

Eugène Marbeau

Les femmes se prennent comme des lapins…
Par les oreilles.

Victor Hugo

C'est un fait connu, et qui a donné aux hommes ample matière à récrimination, que souvent le caractère des femmes s'altère singulièrement une fois qu'elles ont renoncé à leur fonction génitale. Elles deviennent querelleuses, tracassières et ergoteuses, mesquines et avares ; elles font ainsi montre de traits d'érotisme sadique anal qu'elles ne possédaient pas auparavant, durant leur féminité.

Sigmund Freud

Une femme peut faire de vous un millionnaire,
si vous étiez déjà milliardaire.

Anonyme

Si j'étais Dieu, je recommencerais tout, sauf…
la femme.

René Barjavel

Aimer une femme c'est surestimer la différence qu'il y a entre elle et une autre.

Georges Bernard Shaw

Ce qu'une femme appelle « travailler à notre bonheur », c'est faire ordinairement tout ce qu'il faut pour le détruire.

Henri de Régnier

Quand quelqu'un me vante une femme aimable, et l'amour qu'elle a pour lui, je crois voir un frénétique qui me fait l'éloge d'une vipère, qui me dit qu'elle est charmante, et qu'il en a le bonheur d'en être mordu.

Pierre Carlet de Chamblain de Marivaux

Pour plaire aux femmes, il faut du commis voyageur dans l'esprit et dans les manières.

Paul Léautaud

Femme : rose qui prend parfois deux s.

Jules Lévy

La veuve est l'avenir de l'homme.

Alain Schifres

Il y a deux sortes de femmes : celles qui sont jeunes et jolies et celles qui se trouvent encore bien.

Sacha Guitry

Il y a deux sortes de femmes : les moches et les salopes. Et encore je connais des moches qui sont de belles salopes.

Georges Wolinski

Les femmes se divisent en femmes trompées et en femmes trompeuses.

Arthur Schopenhauer

Le contact de la femme est délicieux, et sa présence insupportable.

Albert Guinon

Celui qui réussit avec les femmes est celui qui sait s'en passer.

Ambrose Bierce

Les femmes sont l'âme de toutes les intrigues, on devrait les reléguer dans leur ménage, les salons du gouvernement devraient leur être fermés.

Napoléon

Depuis Adam, il n'y a guère de méfaits où une femme ne soit entrée pour quelque chose.

William Thackeray.

La femme est le plus puissant engin de douleur que Dieu ait donné à l'homme.

Joris-Karl Huysmans

En Orient, les femmes cachent religieusement qu'elles ont un visage ; en Occident qu'elles ont des jambes. Dans les deux cas, elles montrent à l'évidence qu'elles ont peu de cervelle.

Henry Thoreau

La tête, chez les femmes, n'est pas un organe essentiel.

Anatole France

Si une femme devient savante, c'est qu'il y a d'ordinaire quelque chose de déréglé dans ses organes sexuels.

Friedrich Nietzsche

Les femmes sont délicieusement artificielles, mais elles n'ont aucun sens de l'art.

Oscar Wilde

La seule chose qu'on puisse tenir pour certaine quand une femme vous dit : « Je serai prête dans cinq minutes », c'est qu'elle parle français.

Pierre Dac

Le meilleur mouvement féministe est celui des hanches.

Journal brésilien

Il vaut mieux qu'un seul homme voit le jour qu'un millier de femmes.

Euripide

Le premier baiser qu'on obtient d'une femme est comme le premier cornichon qu'on parvient à extraire du bocal. Le reste vient tout seul.

Mark Twain

Aujourd'hui, même les moches n'arrivent plus vierges au mariage.

Georges Wolinski

Entre une femme et un cigare, je choisirai toujours le cigare.

Groucho Marx

Je suis pour l'indissolubilité du mariage. C'est le seul moyen de ne pas faire l'imbécile deux fois.

Jean Anouilh

J'ai eu la chance d'être veuf à plusieurs reprises.

Anonyme

Je lègue tous mes biens à mon épouse, à condition qu'elle se remarie. Ainsi, il y aura tout de même un homme qui me regrettera.

Paul Scarron

Quand une femme se donne, c'est souvent qu'elle a quelque chose à prendre.

André Treilles

Les honnêtes femmes sont les plus chères : l'entrée est gratuite, mais les sorties coûteuses.

Yvan Audouard

Hier soir j'ai demandé à ma femme : « Ruth, est-ce que le sexe et la passion ont cessé d'exister entre nous ? ». Elle m'a répondu : « On en discutera pendant la pub ! »

Milton Berle

Les femmes sont comme les huîtres on y trouve plus souvent de la vase que des perles.

Henri Maxwell

Pas de chance mon meilleur ami est parti sans ma femme.

Sydney Smith

- Monsieur, je vous somme de rompre votre liaison avec mon épouse.
- Monsieur j'ai bien reçu votre lettre circulaire.

Yves Mirande

Dès qu'une femme sait l'orthographe, elle déborde d'arrogance.

Julie de Lespinasse

Il faut se fier aux femmes à peu près comme on se fie au temps.

Mme de Genlis

Si on est une femme normale, on aime bien être dominée. C'est la loi.

Danièle Gilbert

À l'inverse des jeunes filles d'aujourd'hui aux tenues négligées et aux mœurs dissolues, le personnage de Bécassine, plein de bon sens, de courage et de bonté m'apparaît présenter un remarquable exemple pour toutes les jeunes âmes que la dépravation n'a pas encore contaminées.

Mlle de Saint-Géhan

Dès qu'une femme pleure, j'ai envie de la buter. Je ne supporte pas les gens qui s'effilochent.

Yasmina Reza

Si vous voulez connaître la lie des sentiments humains, penchez-vous sur les sentiments que nourrissent les femmes envers les autres femmes : vous frissonnerez d'horreur devant tant d'hypocrisie, de jalousie, de méchanceté, de bassesse.

Amélie Nothomb

Les femmes ne sont au monde que pour dormir, pour être grasses, pour être belles, pour ne rien faire, et ne dire que des sottises.

Mlle de Scudéry

À l'époque de Marguerite Gautier, on mourait de la poitrine, à l'époque de Sophia Loren, on en vit.

Albert Willemetz

Est-ce que cela porte vraiment malheur de se marier un vendredi ? Bien sûr ! Pourquoi voulez-vous que le vendredi fasse exception ?

Georges Bernard Shaw

La joie des gens mariés, c'est d'assister au mariage des autres : une joie diabolique.

Ramon Gomez de la Serna

Il présentait sa femme en disant : « Mon ordinaire ».

Jules Renard

Je préfère l'incinération à l'enterrement, et les deux à un week-end avec ma femme.

Woody Allen

Les femmes de mauvaises vies vous créent des ennuis. Les femmes sérieuses vous ennuient.

Oscar Wilde

Garçon a deux féminins : « fille » et « garce ».

Gilbert Cesbron

Aucune femme ne fait un mariage d'intérêt ; elles ont toutes l'habileté, avant d'épouser un milliardaire de s'éprendre de lui.

Cesare Pavese

Une femme montre plus promptement son cul que son cœur.

Honoré de Balzac

Dédicace : à ma femme, sans l'absence de qui je n'aurais pas écrit ce livre.

John Dryden

Le premier qui compara une femme à une rose fut un poète, le second un imbécile.

Gérard de Nerval

Oui, Bach, Mozart, Dieu, elles commencent toujours par ça. Et quinze jours plus tard, trapèze volant sur le lit.

Albert Cohen

Il y a bien peu de femmes dont la conversation plaise encore après qu'on les a eues.

Étienne Rey

Quand une femme du monde a les yeux vides, c'est que son regard est tourné vers l'intérieur.

Philippe Bouvard

Que de femmes croient avoir des jambes, alors qu'elles n'ont que des jambons.

Jacques Stenberg

Il est singulier de songer qu'amour n'est féminin qu'au pluriel.

Albert Willemetz

Les femmes sont rarement victimes de la maladie de la vache folle car c'est une maladie qui s'attaque au cerveau.

Anonyme

C'est avec les bonnes bourgeoises qu'on fait les meilleures grues.

Michel Audiard

Les filles sont comme les pianos. Quand elles ne sont pas droites, elles sont à queue.

Benny Hill

C'est depuis que les femmes laissent voir leurs jambes qu'on comprend toutes les raisons qu'elles avaient jadis de les cacher.

Étienne Rey

Les femmes font marcher les hommes et le commerce.

Albert Willemetz

Une femme de trente ans, en France, n'a pas les connaissances d'un petit garçon de quinze ans ; une femme de cinquante ans, la raison d'un homme de vingt-cinq.

Stendhal

Commencer en poète, et finir en gynécologue !
De toutes les conditions, la moins enviable est celle d'amant.

Emil Michel Cioran

La vie d'un homme n'est que pénible.
La femme se charge de la rendre amère.

Georges Wolfrom

Lorsqu'une anglaise est habillée, ce n'est plus une femme, c'est une cathédrale. Il ne s'agirait pas de la séduire, mais de la démolir.

Alexandre Vignola

Observez la démarche des plus belles anglaises : on ne trouve dans aucun pays au monde de plus beaux canards ni de plus beaux dindons.

Friedrich Nietzsche

Il vaut mieux être mâle un seul jour que femelle dix jours de suite.

Proverbe kurde

Penser est, pour un grand nombre de femmes, un accident heureux plutôt qu'un état permanent.

Daniel Stern

Parfois, nous pensons avec horreur aux vierges. Pénétrer dans leur passion nous paraît aussi difficile et aussi embêtant que d'ouvrir une boîte de sardines, alors qu'il est si commode qu'elles nous arrivent déjà ouvertes…

Ramon Gomez de la Serna

La plus utile et honorable science et occupation à une femme, c'est la science du ménage.

Michel de Montaigne

Ce sexe est fait pour être assujetti ; et je prédis aux peuples d'Europe qu'ils n'auront des mœurs et de la tranquillité, que lorsqu'ils l'auront remis à sa place.

Nicolas Restif de la Bretonne

Ces dames voudraient être députés. Eh bien ! Non, qu'elles restent ce qu'elles sont : des putes.

Raymond Duplantier

Je n'entreprendrai pas la description des organes féminins car ils sont abominables.

Carl von Linné

L'homme a un cerveau, la femme a une matrice.

Jules Michelet.

Toutes les femmes devraient mourir de honte,
à la seule pensée d'être une femme.

Saint Clément d'Alexandrie

Les paysannes sont comme les fleurs des champs :
sous le nez, ça ne sent rien, ou ça sent mauvais.

Jules Renard

Les femmes, c'est comme les artichauts :
le cœur est sous les poils.

San Antonio

Ma femme ne peut plus manger d'œuf durs :
elle a égaré la recette.

Jean-François Remonté

Que dit-on d'une femme qui dit qu'elle a deux neurones ? Qu'elle est enceinte.

Frédéric André

Le sous-homme est supérieur à la sur-femme.

Friedrich Nietzsche

Pensez que, jamais, je n'ai trouvé les deux ensemble chez une femme : intelligence et beauté.

Henry de Montherlant

Tu raisonnes comme une femme, tu es un con.

Jean-Paul Sartre

Elle est affreuse, mais elle a trois millions de dot ou, si vous voulez, de dommages et intérêts !

Robert de Flers

Oh ! L'éternel féminin, comme disait le monsieur dont la femme n'en finissait pas de mourir.

Alphonse Allais

La femme donne au mari deux jours de bonheur : le jour où elle se marie, le jour où elle est enterrée.

Hipponax

Je n'ai rien contre les femmes, mais je n'ai toujours pas compris à quoi elles servent…

Herbert Higgins

La femme idéale ? C'est celle qui est partie.

Olivier de Kersauson

- J'ai une bonne et une mauvaise nouvelle pour toi, dit-elle, je vais te quitter.
- Et la mauvaise ?

Michel Audiard

Tu vas chez les femmes ? N'oublie pas d'apporter le fouet.

Friedrich Nietzsche

Quant aux femmes célibataires de plus de trente ans (à moins d'une carence physiologique reconnue), elles doivent être encouragées à se faire psychanalyser.

Farnham et Lundberg

Il faut absolument qu'à la fin de leurs études les filles obtiennent leurs deux bacs : le bac d'eau froide et celui d'eau chaude.

Anonyme

Il n'y a que deux endroits où l'on paye pour avoir le droit de se dépenser : les latrines publiques et les femmes.

Charles Baudelaire

Un mari craint toujours que son épouse le quitte. C'est ça la suprême force des femmes, vous faire redouter ce que vous souhaitez le plus au monde.

Frédéric Dard

Si vous épousez une laide, vous serez peiné ; si vous épousez une belle, vous serez berné.

Bion de Boristhène

Les états sont perdus quand les femmes gouvernent les affaires publiques.

Napoléon

Pour se marier, il faut un témoin, comme pour un accident ou un duel.

Sacha Guitry

Si l'homme amoureux vit d'amour et d'eau fraîche, l'homme marié y ajoute du pastis.

Paul Ricard

TRAITRES

Le sexe masculin est ce qu'il y a de plus léger
au monde, une simple pensée le soulève.

San Antonio

Quand on a connu une jeune fille de dix-huit ans et qu'on la retrouve mariée trente-cinq ans plus tard, on a peine à imaginer que c'est un seul homme qui a pu faire tant de dégâts.

Jean Mistler

Ce qu'il y a de plus profond dans l'homme, c'est la peau.

Paul Valéry

Mesdames, vaut mieux une chiée de types qui posent leur pantalon en votre honneur qu'un seul qui vous les fait repasser.

Frédéric Dard

On peut beaucoup plus largement se passer des hommes que des femmes, c'est pourquoi c'est eux qu'on sacrifie dans la guerre.

Georges Bernard Shaw

Quand Dieu eut créé l'homme, il fut effrayé de ce qu'il avait fait. Il créa aussitôt la femme comme premier secours.

Claude Roy

L'agréable perspective du veuvage soutient le courage de beaucoup d'épouses.

John Gay

Comment les hommes peuvent-ils s'intéresser à tant de choses alors qu'il y a les filles ?

Louis Scutenaire

Quand une femme engage un détective privé pour suivre son mari, c'est d'abord pour savoir ce que les autres femmes peuvent bien lui trouver.

Léo J. Burke

Beaucoup d'hommes doivent leur succès à leur première épouse, et leur deuxième épouse à leur succès.

Jim Backus

Facile : se dit d'une femme qui a la moralité sexuelle d'un homme.

Pierre Desproges

Ce qui sauve la plupart des hommes de la perdition, c'est que la plupart des femmes ne draguent pas.

Paul Carvel

Plus je connais les hommes, plus j'aime les femmes !

Paul-Jean Toulet

Les hommes qui disent que les femmes sont frigides sont de mauvaises langues.

Sacha Guitry

Épousée : femme qui a un bel avenir de bonheur derrière.

Ambrose Bierce

En Angleterre, rien n'est fait pour les femmes, même pas les hommes.

Oscar Wilde

Il y a des moments où j'aimerais ne plus être un homme pour me faire sur eux les illusions que s'en font les femmes !

Jérôme Touzalin

Quand une femme a une profession, elle n'a pas besoin de mari ; un amant suffit.

Alfred Capus

Ce que Dieu ne peut faire, une femme parfois le peut.

Daniel Pennac

Le monde d'aujourd'hui est, pour les hommes, un harem, et pour les femmes, un haras.

Abel Hermant

Mesdames, un conseil. Si vous cherchez un homme beau, riche et intelligent… Prenez-en trois !

Coluche

Les machines sont les seules femmes que les Américains savent rendre heureuses.

Sacha Guitry

95 fois sur cent, la femme s'emmerde en baisant… Les pauvres bougres convaincus du contraire sont les cocus !

Georges Brassens

Le mâle repoussé traite généralement de « salope » la femme qui, précisément, refuse de l'être.

Marcel Pagnol

Les hommes adorent les connes. C'est pour ça qu'ils ont tout fait au cours des siècles pour qu'elles le restent.

Georges Wolinski

C'est nous qui faisons des femmes ce qu'elles valent, et voila pourquoi elles ne valent rien.

Honoré Gabriel comte de Mirabeau

L'homme s'est montré particulièrement astucieux en refilant le travail ménager à la femelle. Ce n'est pas que le travail soit dur mais que c'est monotone et ennuyeux !

Groucho Marx

Si l'amour est une invention des femmes, ce sont les hommes qui exploitent le brevet.

Hervé Bazin

Il y a deux sortes de femmes : les femmes seules et les femmes mariées qui sont encore plus seules.

Jacques Deval

Si vous voyez une femme escortée en tous lieux d'un état major de servants, ce n'est pas tant qu'ils la trouvent belle, c'est qu'elle leur a dit qu'ils étaient beaux.

Jean Giraudoux

Une femme doit être assez cultivée pour séduire les hommes stupides, et assez vulgaire pour plaire aux hommes intelligents.

André Guillois

Si une femme ne veut pas être handicapée par son intelligence, elle doit bien prendre soin de la dissimuler derrière un audacieux décolleté.

Jean Delacour

Ils sont tous enragés pour entrer là d'où ils sont sortis.

James Joyce

J'adore les femmes mais je ne leur pardonnerai jamais d'aimer les hommes.

Albert Cohen

Il y a deux sortes de femmes : les célibataires, qui ne rêvent qu'au mariage, et les mariées, qui ne rêvent qu'au divorce.

Georges Elgozy

L'existence d'une très jolie femme ressemble à celle d'un lièvre le jour de l'ouverture de la chasse.

Paul Morand

Les taches ménagères, c'est tout ce que fait une femme sans qu'on le remarque, sauf quand elle ne le fait pas.

Evan Esar

Le séducteur qui se vante d'initier les femmes aux mystères de l'amour est comme un étranger qui débarque à la gare et propose au guide de lui montrer les beautés de la ville.

Karl Kraus

Bien des hommes acceptent d'être cocus, s'il doit leur pousser des cornes d'abondance.

Gilbert Cesbron

Connaissant les hommes je donne toujours raison aux femmes.

José Cabanis

Les hommes sont les bras morts, des culs de sacs, des eaux stagnantes. Les femmes sont les eaux vives.

Robert Escarpit

Le mystère de l'homme, c'est que la femme puisse l'aimer.

Henry de Montherlant

Ce qu'il y a de plus étonnant dans les hommes et de plus inépuisable en eux, c'est leur bassesse et leur platitude.

Sainte-Beuve

Quand un homme est enveloppé dans ses pensées, c'est un bien petit paquet.

John Ruskin

Pour l'agrément, on n'en a jamais fini avec les hommes : soit ce sont des salauds, et on pleure ; soit ils sont caressants et on baille.

Paul Morand

Si un homme fait une sottise, les hommes diront : « qu'il est bête ! ». Mais si c'est une femme : « que les femmes sont bêtes ! »

Anonyme

Les Américains sont épouvantables en amour : ou ils sont tellement lents qu'on a envie de hurler, ou bien ils sont tellement rapides qu'on hurle.

Jean-Charles

Les femmes savent bien que les hommes ne sont pas si bêtes, que l'on croit… qu'ils le sont davantage.

Paul-Jean Toulet

Les hommes se répartissent en trois classes : les vaniteux, les orgueilleux, et les autres. Je n'ai jamais rencontré les autres

Auguste Detœuf

Tous les hommes battent les femmes : dans le peuple, c'est avec les poings, dans la bourgeoisie, c'est avec les lois.

Maurice Donnay

Tous les maris sont laids.

Charles de Secondat, baron de Montesquieu

L’admission des femmes à l’égalité parfaite serait la marque la plus sûre de la civilisation, et elle doublerait les forces intellectuelles du genre humain.

Stendhal

Les hommes n’aiment pas les femmes spirituelles. Ils ont peur de ne pas être à la hauteur.

Yvan Audouard

Derrière chaque grand homme, il y a une femme qui n’a rien à se mettre.

L. Grant Klickman